LES CENDRES

DE

NAPOLÉON.

STANCES

DÉDIÉES

AU GÉNÉRAL DROUOT,

PAR JUSTIN BONNAIRE,

AVOCAT A LA COUR ROYALE DE NANCY.

PARIS.

AIMÉ ANDRÉ, LIBRAIRE, RUE CHRISTINE, 1.

NANCY.

GRIMBLOT, RAYBOIS ET Cⁱᵉ,   Mᶜˡˡᵉ E. GONET, LIBRAIRE,
Place Stanislas, 7, et rue Saint-Dizier, 127.   Rue des Dominicains.

1840.

LES CENDRES

DE

NAPOLÉON.

NANCY, IMPRIMERIE DE RAYBOIS ET Cie, RUE S^{t}.-DIZIER, 127.

LES CENDRES

DE

NAPOLÉON.

STANCES

DÉDIÉES

AU GÉNÉRAL DROUOT,

PAR JUSTIN BONNAIRE,

AVOCAT A LA COUR ROYALE DE NANCY.

PARIS.

AIMÉ ANDRÉ, LIBRAIRE, RUE CHRISTINE, 1.

NANCY.

GRIMBLOT, RAYBOIS ET Cie,   Melle E. GONET, LIBRAIRE,

Place Stanislas, 7, et rue Saint-Dizier, 127.   Rue des Dominicains.

1840.

« Le vieux monde fut submergé », dit, en finissant son œuvre,
l'immortel auteur des *Études historiques*. « Quand les flots de
» l'anarchie se retirèrent, NAPOLÉON parut à l'entrée d'un nouvel
» univers, comme ces géants que l'histoire profane et sacrée nous
» peint au berceau de la société, et qui se montrèrent à la terre
» après le déluge. »

Sa mission remplie, son heure une fois venue, après avoir fait
des choses prodigieuses, ce géant que l'Europe conjurée avait presque étouffé dans ses mille bras, s'en alla mourir tristement sur un
lointain rocher, où bientôt quelques pieds de terre enfermèrent
tant de grandeur et de puissance. Il avait dit avant d'expirer :
« Je désire que mes cendres reposent sur les bords de la Seine,
» au milieu de ce peuple français que j'ai tant aimé ! »

La France qui ne saurait être ingrate, a voulu, quoique tardivement, exécuter cette dernière volonté testamentaire ; et puisque, en cette mémorable circonstance, elle convie tous ses enfants à venir épandre quelques fleurs sur la tombe de l'illustre exilé dont elle rappelle les cendres au sein de la patrie, pourquoi, en m'associant à la pieuse multitude, ne mêlerais-je pas ma voix à la sienne ?

On a tant dit sur Napoléon, de si beaux vers ont célébré sa mémoire, que jamais, sans l'occurrence de cet événement inattendu, je n'aurais osé, moi poète obscur, aborder un sujet digne de l'épopée. Mais, ainsi que tout homme qui sent, comme disait Berryer, couler du sang français dans ses veines, je n'ai pu contenir ma joie en apprenant la généreuse résolution du Gouvernement, et j'ai applaudi avec bonheur à ces nobles paroles prononcées d'une voix émue, à la chambre des députés, dans la séance du 12 mai, par M. de Rémusat, ministre de l'Intérieur :

« Messieurs, le Roi a ordonné à S. A. R. Mgr. le prince de » Joinville de se rendre avec sa frégate à l'île de Sainte-Hélène, » pour y recueillir les restes mortels de l'empereur Napoléon.

» Nous venons vous demander les moyens de les recevoir digne- » ment sur la terre de France et d'élever à Napoléon son dernier » tombeau.

» Le Gouvernement, jaloux d'accomplir un grand devoir na- » tional, s'est adressé à l'Angleterre. Il lui a redemandé le précieux » dépôt que la fortune avait remis dans ses mains.

» A peine exprimée, la pensée de la France a été accueillie, etc.

. . . .

» Désormais la France, et la France seule, possèdera tout ce » qui reste de Napoléon. Son tombeau, comme sa renommée, » n'appartiendra à personne qu'à son pays...... »

Ma première pensée fut de dédier au vénérable général Drouot, auquel la ville de Nancy s'honore d'avoir donné le jour et qu'elle est fière de posséder dans son sein, les vers que me suggérait l'imposante cérémonie qui se prépare. Je pris donc la liberté de lui adresser la lettre suivante :

« Général,

» Cédant aux vœux de la nation tout entière, le Gouvernement
» vient de déclarer à la France que les cendres de Napoléon, trop
» longtemps prisonnières à Sainte-Hélène, allaient enfin lui être
» rendues.

» Cette bonne nouvelle a réjoui les populations, qui l'ont ac-
» cueillie avec enthousiasme : elle vous a surtout profondément
» ému, vous, Général, qui avez embrassé vivant le héros qui vous
» a précédé dans la tombe ; vous, loyal serviteur que l'Empereur
» honora toujours d'une estime et d'une affection particulières,
» et qui, à l'heure des réactions politiques, avez failli payer de
» la tête votre héroïque dévouement à sa cause perdue.

» Et moi aussi, qui n'étais pas né encore quand déjà l'Europe
» avait admiré en vous le *Sage* de la grande armée, moi aussi,
» Général, j'ai tressailli à l'annonce de cette prochaine solennité,
» à la fois religieuse et nationale. Mon âme s'est attendrie ; et mon
» luth modeste, qui, l'an dernier, avait célébré dans Château-
» briand le plus grand écrivain de notre époque, a voulu exhaler
» quelques notes sur le cercueil de Napoléon, le plus fameux con-
» quérant du monde.

» Je viens donc, Général, sans avoir l'honneur d'être connu

» de vous, solliciter de votre bienveillance la faveur d'être admis
» à vous réciter, ou, si vos trop vives émotions s'y opposaient,
» à remettre moi-même entre vos mains les quelques *stances* que
» m'a inspirées l'événement solennel dont l'attente préoccupe en
» ce moment tous les esprits.

» En attendant un mot de réponse de votre part, j'ai l'honneur,
» Général, d'être, avec les sentiments de la plus haute estime
» et de la plus profonde vénération,

» Votre très-humble et très-dévoué serviteur,

» JUSTIN BONNAIRE.

» Nancy, 24 mai 1840. »

Le lendemain, je me rendis chez le général, accompagné de
M. F. Drouot, son frère, qui était venu m'annoncer, en son nom,
qu'il était tout disposé à m'accorder audience.

Il me serait difficile de décrire l'impression que je ressentis à l'abord de ce respectable *aveugle* qui marchait appuyé sur un bâton, lui dont le bras ne s'était reposé jamais que sur la garde d'une épée ! J'étais ému... Le général me fit amicalement asseoir à ses côtés, et, sur son obligeante invitation, je lui récitai de mon mieux les vers que je lui avais annoncés la veille. « Vos stances m'ont vivement » touché, Monsieur, » me dit-il, après ma lecture, avec cette rare expression de douceur et de bonté qui le caractérise ; « tout ce » que vous dites à l'égard de Napoléon est bien ; seulement, si, » comme elle le mérite, vous livrez cette pièce à la publicité, » veuillez, je vous prie, retrancher les passages où vous parlez de » moi ; loin d'en souffrir, le sujet principal n'en brillera qu'avec » plus d'éclat. Je me connais, voyez-vous, je m'apprécie, je sais ce

» que je vaux, et je ne suis pas à la hauteur où vous me placez;
» votre affection pour moi vous trompe sur mon compte. » A ces
paroles, empreintes d'une modestie si vraie, si sincère, je ne
savais trop que répondre; j'hésitai et balbutiai quelques mots,
sans laisser échapper la promesse formelle que le vertueux général
sollicitait de moi. C'était à lui que j'adressais mon œuvre, c'était
pour lui que je l'avais faite, il en était le parrain, sans lui, peut-
être, ne l'eussé-je point tentée; car, pour arriver jusqu'à l'Empereur, il me fallait un introducteur connu, et mon regard timide
ne pouvait contempler la pourpre éblouissante du souverain qu'à
travers le manteau du général. Comment, après cela, me résigner
à effacer, d'un trait de plume, un nom que j'aime et que je vé-
nère? Napoléon, j'en suis sûr, ne me pardonnerait jamais d'avoir,
en cette circonstance, obéi à son ancien aide-de-camp, et son
ombre amie sourira, dans mes vers, à l'homme fidèle et dévoué
qu'il avait, de son propre choix, établi gouverneur de l'île
d'Elbe, et qui, à Waterloo, combattait à ses côtés.

Toutefois, avant de passer outre, je confiai mes scrupules à
un ancien ami du général, homme de cœur et de raison, qui
acheva de les dissiper en me disant : « Ne prenez pas conseil de
» sa trop grande modestie; il ne s'appartient plus à lui-même,
» c'est à nous, c'est au pays qu'il appartient tout entier. »

Du reste, à part tout autre motif, on concevra facilement que
je ne pouvais, sans tronquer ma pensée, sans briser la liaison
de mes idées entre elles, sans manquer mon but enfin, obtempérer
au désir du général. Il ne saurait, après tout, m'en vouloir
de l'avoir nommé, alors que mon silence aurait paru, aux yeux
de ses concitoyens, une flagrante injustice.

Quelques mots encore, avant de finir, sur le caractère et la portée du morceau que je publie.

Je me hâte de le déclarer ici : ce serait se méprendre étrangement sur mes intentions et mon but que de vouloir chercher, dans cet humble essai, un manifeste politique ; je n'ai ni la mission, ni la volonté, ni le pouvoir de ressusciter les *idées napoléoniennes*, mortes et ensevelies avec Napoléon. La puissance de l'Empereur, dans le sens propre du mot, s'est abîmée dans les profondeurs de l'Océan ; sa gloire seule a surnagé, et ce legs magnifique, il n'est venu se reposer sur aucune tête individuelle, il ne s'est incarné dans aucun homme, il a été recueilli par la France entière, par la France seule, héritière légitime de celui qui, en courbant l'univers à ses pieds, l'avait faite la plus grande d'entre les nations. Et c'est pour cela que je ne me rends point ici l'écho servile des partis ; c'est pour cela que, organe indépendant et libre de tout ce qu'il y a d'honorable dans chacun d'eux, je plane au-dessus de tous et laisse momentanément de côté mes affections privées, mes tendances personnelles, pour ne plus me souvenir que d'une chose dont je serai fier à tout jamais, de ma qualité de Français, mon unique titre de noblesse.

Aussi, amère et profonde fut ma douleur, grande fut mon indignation, quand, naguère, mes regards vinrent à tomber sur un journal que, par pudeur, je ne nommerai pas, lequel eut la triste audace d'insulter aux mânes de Napoléon, en jetant sur son cercueil, à côté du glorieux manteau de Marengo, les jugements frénétiques ou exagérés, écrits à une époque où la passion pouvait aveugler les plus clairvoyants, et que leurs auteurs, mieux instruits ou plus calmes, désavoueraient peut-être aujourd'hui. Si cette façon de juger allait à l'Égypte ancienne, elle ne va pas à la France.

Il est, je l'avoue à regret, il est dans la vie de Bonaparte et de Napoléon, comme en celle de bien d'autres, des pages que je voudrais pouvoir arracher; je ne fais point de l'homme un Dieu, et ne viens pas, admirateur *quand même*, adorer en esclave un maître jadis puissant. Je n'ai point oublié que au-dessus de la force il y a la justice, et au-dessus de la gloire, la liberté.

Mais, en me souvenant avec M. de Lamartine que « la voix de » l'apothéose ne doit point étouffer la voix de la raison publique »; à genoux devant d'augustes reliques, avec lui aussi je répète : « Il ne faut, dans cette pompe funèbre et nationale, que des » hommages et des respects. »

Point de rancunes, point de récriminations, point de fureurs sur une cendre à peine refroidie! Honte à ceux-là qu'un étroit esprit de parti enchaîne dans un cercle de fer! à ceux-là qui méconnaissent la sainteté du linceul et ne veulent pas comprendre les secrets de la mort, de la mort, qui, selon le mot expiatoire et profond d'un de nos publicistes, est *plus vraie que la vie !*

Attaquer en face un homme au faîte du pouvoir, ce peut être courage; se ruer sur un homme déchu, c'est lâcheté.

Reprocher énergiquement ses torts à un vivant qui est en position de se défendre, c'est faire acte de dignité et d'indépendance; mais, taire les vertus d'un mort pour ne rappeler que ses vices, ses fautes ou ses crimes, c'est plus qu'une lâcheté, c'est une infamie : c'est souffleter un cadavre en lui crachant au visage. Que la hyène du désert s'en aille, à travers la nuit, fouiller les tombes et déterrer les corps, elle ne fait en

cela qu'obéir à ses instincts farouches; mais qu'un homme ose,
d'une main profane, remuer les ossements d'un homme et trou-
bler l'inviolable silence du tombeau par des paroles de vindication,
de haine ou de colère, oh! alors c'est une abominable profana-
tion, c'est, comme dirait Bossuet, *un horrible je ne sais quoi, qui ne*
trouve plus de nom dans aucune langue!

S'il faut entourer de respect la dépouille vulgaire qu'enferment
les quatre planches d'un cercueil, ne doit-on pas un solennel
hommage, une vénération sainte aux restes d'un héros? Oui,
certes; et pour un peuple qui assiste aux funérailles de son
Chef, de son Roi ou de son Empereur, c'est un devoir de jeter sur
les erreurs de l'illustre défunt le manteau de Sem et de Japhet,
pour ne voir, pour n'admirer que ses bienfaits et ses vertus; devoir
sacré, devoir impérieux que la nature inspire, que la religion
commande et qui ne compromet en rien l'impartialité de l'histoire.

Donc, paix aux morts! honneur et gloire aux cendres de
NAPOLÉON!.....

LES CENDRES

DE

NAPOLÉON.

A MONSIEUR

LE LIEUTENANT-GÉNÉRAL COMTE DROUOT,

AIDE-DE-CAMP DE S. M. IMPÉRIALE,

GRAND OFFICIER DE LA LÉGION D'HONNEUR.

Illustre général, orgueil de la Lorraine,

Athlète que l'honneur a grandi dans l'arène,

Drouot, de tes beaux jours oh! voici le plus beau!

Sois heureux : que ta main brandisse encor son glaive!

Ton Empereur se lève.....

A la France attentive il demande un tombeau.

Et, comme une forêt que l'aquilon remue,

A cette grande voix la France s'est émue :

Sainte-Hélène a frémi sur son roc entr'ouvert.....

Dans l'humide caveau, BERTRAND, tu peux descendre :

Albion rend la cendre

Que, vingt ans, abrita l'ombre d'un saule vert.

Avec lui, jeune prince, ah! donnez quelques larmes

A ce mort dont le nom ne cause plus d'alarmes :

Son sceptre se brisa sur ce funeste écueil.....

Mais le temps a marché : l'opinion s'éclaire,

Et le vœu populaire

Aux rives de la Seine appelle son cercueil.

Reluis au front des cieux, mystérieuse étoile!

Que l'Auster, ô frégate, enfle ta large voile!

Toi, fougueux Atlantique, enchaîne ta fureur :

Jadis César, heureux, à la vague importune

Confia sa fortune.....

Sois calme et solennel, tu portes l'Empereur!!!...

Le flot a respecté ce fardeau qui l'étonne.

Aux salves du canon, dont la voix gronde et tonne,

Le vaisseau triomphant s'élance dans le port....,

Et, debout sur la rive où sa foule se presse,

Le peuple, en allégresse,

L'a soudain salué d'un sublime transport !

« Vive NAPOLÉON !!! » A cet accent magique

Répond en rugissant le lion de Belgique.....

Dans ses gouffres la mer murmure ce grand nom....

Devant le conquérant qui rêva sa ruine,

L'Angleterre s'incline,

Et sa plage redit : « Vive NAPOLÉON !!! »

Dieu ! quel enthousiasme un froid cercueil inspire !....

Avancez les premiers, Achates de l'Empire !

Sous ce glorieux poids à l'envi courbez-vous :

A vous de déposer sur la terre de France

L'homme de la souffrance,

Dont l'astre pâlissant s'éteignit loin de nous !

Et voici qu'au milieu de ce peuple sans nombre

Du vainqueur d'Austerlitz apparaît la grande ombre.....

Et, chacun, abîmé dans son propre néant,

S'écrie, en mesurant la taille du colosse :

« Ciel !.... une étroite fosse

» A-t-elle pu jamais contenir ce géant ! »

Proscrit ! il nous tardait de revoir ta dépouille.

Enfin ta forte épée a secoué sa rouille ;

Et les vieux compagnons qui suivirent tes pas,

Sentant, aux souvenirs que leur âme savoure,

Bouillonner leur bravoure,

Pour toi voudraient encore affronter le trépas !

Non, tu ne mourus point !.... Ta puissance électrique

Convertit en héros nos soldats de l'Afrique :

Miserghin, Constantine, Alger, Bougie, Oran,

Des enfants d'Iéna proclament la vaillance,

Et l'Arabe, en silence,

Baisse son front altier au nom de Mazagran !

Elle est digne de toi cette FRANCE si belle,

Qu'à tes mains arracha la fortune rebelle.

Vois..... Faisant un appel à nos célébrités,

Pour donner à ta cendre un convoi magnifique,

En reine pacifique

A son vieil Empereur elle ouvre ses cités.

Tous accourent..... Naguère, aux pieds de sa statue,

Des partis acharnés la colère s'est tue.

Est-il un cœur français sourd au cri de l'honneur?

Sur les âmes de fiel que la haine retombe,

Quand, auprès d'une tombe,

La GRANDE NATION tressaille de bonheur!

Il était homme...., et si l'abus de la victoire

Imprima quelque tache au soleil de sa gloire,

Ses torts, oh! gardons-nous de les lui reprocher!

Oublions-nous sa chute, œuvre de félonie,

Et sa lente agonie,

Et sa lugubre fin sur un affreux rocher?....

Nous, Français, qu'il a faits si forts, si redoutables,

Nous à qui de cent lois sa main traça les tables,

Nous dont il releva le Culte en abandon,

Serons-nous sans pitié, quand, aux yeux de la terre,

Le maître du tonnerre

Sur ses fautes étend le voile du pardon!

Enfants de ce pays qu'un même Dieu protége,

Avec un saint respect mêlons-nous au cortége

Qui, du Hâvre à Paris, s'achemine à pas lents.....

Entendez-vous ces bruits?.... Déjà la Capitale,

Dont la pompe s'étale,

Ne peut de son ardeur comprimer les élans.

Ame de nos plaisirs, de nos jeux, de nos fêtes,

Héraut proclamateur de nos mille conquêtes,

Sous l'œil des vétérans le bronze au loin mugit.....

Et, fière de son poids, tandis que la Colonne

Comme un phare rayonne,

De la vaste cité l'enceinte s'élargit!

Peuple, recueille-toi..... Silence!.... voici l'heure

Où, près du catafalque, on soupire et l'on pleure :

Que le bourdon frémisse au sein de ton beffroi,

Notre-Dame au front noir!... Grâce au Dieu qui dispose,

       NAPOLÉON repose

Sous le dôme élevé par la main du GRAND ROI.

A genoux, ô Français! dans cette basilique;

A genoux! et prions..... Il était catholique.

L'instinct religieux en lui régna toujours :

Son regard presque éteint, sur le lit de souffrance,

       S'ouvrit à l'Espérance,

Et la Foi lui sourit au dernier de ses jours.

Le Pontife a béni la foule qui se range :

Tout est silencieux..... Mais quel spectacle étrange!....

L'encens joint ses parfums à l'éclat des flambeaux.....

Ces spectres où vont-ils?.... Quel charme les entraîne?...

       C'est VAUBAN, c'est TURENNE!....

Au nom de l'Empereur ils quittent leurs tombeaux.

Ainsi, lorsque touchant à son quinzième lustre,

Du vieux sang des Capets, Louis, le plus illustre,

S'en vint sous son linceul frapper à Saint-Denis,

De vingt rois endormis au fond des caveaux sombres

On vit les pâles ombres

S'avancer en disant : « Frère, soyons unis!.... »

Heureux de contempler ces nobles funérailles,

De nos mères, amis, bénissons les entrailles!

Mais de cette splendeur que dévorent nos yeux,

Drouot, ta vue, hélas! ne sera point charmée;

O Nestor de l'armée!

Bélisaire nouveau, tu ne vois plus les cieux!....

Du moins nos chants, nos cris, ont frappé ton oreille ;

Et si de ce beau jour la pompe sans pareille,

Dans la nuit qui t'enlace échappe à ton regard,

Fidèle à son serment, ton grand cœur se dilate,

Et ta parole éclate,

Et de Hanau ton bras ressaisit l'étendard!

O vous qui, sur son trône, avez vu le GRAND HOMME,

Vous que le peuple écoute et que tout bas il nomme,

Poètes, approchez!.... Par vos puissants accords,

De l'immense empereur couché dans cette bière

   Ranimez la poussière!

Qu'il se dresse et commande à ses bataillons morts!!!

Ton nom qui m'inspira, Captif de Sainte-Hélène,

Ah! ma langue d'enfant le bégayait à peine,

Quand, du plus haut des cieux, ta foudre s'abattit;

Et te voyant tomber, idole de nos braves,

   En d'ignobles entraves,

Je disais frémissant : « Pourquoi suis-je petit!.... »

Mais l'Océan bientôt, entr'ouvrant son abîme,

Avait livré passage à l'auguste victime.....

Et quand, après cinq ans de regrets superflus,

Le héros succomba, martyr d'un long outrage,

   Le souffle de l'orage

Nous apporta ces mots : NAPOLÉON N'EST PLUS!!!

Mon père, l'œil en pleurs, murmura : « C'est infâme!!...

» Il ne put embrasser ni sa sœur, ni sa femme!.... »

Et tombant éplorée au pied d'un crucifix,

Ma mère en sanglottant s'écria : « Dieu sévère!

 » Si tu ravis le père,

» A l'amour des Français conserve au moins son fils!!! »

Et moi, près d'eux, assis au foyer domestique,

Je comprenais, enfant, ce drame pathétique.....,

Avec eux je pleurais..... Et naguère, ô Vainqueur!

A ce cri : « Loin de nous ses cendres exilées,

 » Sont enfin rappelées...., »

J'ai pressé, tout ému, mon luth contre mon cœur!

Aux chants de l'humble oiseau qui fredonne sous l'herbe,

Dans ton sublime essor, pardonne, Aigle superbe!

Ta gloire m'apparut au sein de tes revers,

Et jeune j'ai senti s'allumer en mon âme

 Une immortelle flamme,

Et ses accents ma voix les jette à l'univers!

NOTES.

Le soupçon de fiction dans l'idée et d'exagération dans la forme, s'attachant d'ordinaire et naturellement aux œuvres poétiques, il m'a paru convenable de justifier, d'éclaircir ou de compléter, par quelques explications historiques, le sens de certains vers ou la vérité des faits qu'ils consacrent.

STANCE Ire.

M. le lieutenant-général comte Drouot est né à Nancy, le 11 janvier 1774. Après y avoir fait ses humanités, et s'y être spécialement adonné à l'étude des mathématiques qu'il aimait beaucoup et cultivait avec un rare succès, il se rendit à Châlons-sur-Marne, où il subit devant M. de la Place, qui sut le distinguer, un brillant examen. Bientôt il prit rang dans l'armée avec le grade d'officier d'artillerie. Depuis il s'éleva successivement, par son mérite, aux postes éminents auxquels l'appela la confiance de l'Empereur. On ne saurait mieux prouver que son pays peut, à bon droit, s'enorgueillir de l'avoir vu naître, qu'en citant le jugement que portait sur lui Napoléon, dont l'œil d'aigle sondait tout, voyait tout, devinait tout. Ce coup de pinceau est de main de maître, et il n'est personne qui ne reconnaisse dans ce portrait, si frappant de ressemblance, le digne militaire, le citoyen modèle qui est aujourd'hui ce qu'il fut toujours.

Voici comment s'exprime à cet égard le docteur O' Meara, dernier chirurgien de l'Empereur, en rappelant, dans *le Complément du Mémorial de Sainte-Hélène ou Napoléon en exil*, tome 2, page 416, une conversation du 28 janvier 1818.

« Napoléon peignit Drouot comme un des hommes les plus vertueux et les plus modestes, quoique possédant de très-grands talents. » « Drouot, » dit-il, est un homme qui vivait aussi satisfait, pour ce qui le concerne » personnellement, avec quarante sous par jour, qu'avec les revenus d'un » souverain. Plein de charité et de religion, sa morale, sa probité et sa

» simplicité lui eussent fait honneur dans les plus beaux jours de la république
» romaine. »

Il m'est doux d'accoler à ces remarquables paroles les beaux vers de mon
intime ami, Désiré Carrière, qui, à la fin de son discours de réception à l'Aca-
démie de Stanislas, en 1837, s'est, comme moi, rendu coupable, aux yeux
du général, d'avoir été l'écho de la vérité et de l'opinion de ses concitoyens :

> .... « Oh ! ma muse indiscrète
> Ira te découvrir dans ton humble retraite,
> Nouveau Fabricius ! Tu t'es pu dérober
> A la gloire, aux honneurs, lorsque tu vis tomber
> Le géant des combats dans la fatale plaine :
> Tu peux de tes foyers faire ta Sainte—Hélène ;
> Mais tu ne pourras pas t'arracher en ce jour
> Aux acclamations de notre vif amour.
> Gloire à toi, le plus pur des soldats de l'Empire !
> Modèle des héros, c'est en toi que respire
> L'âme des vieux Lorrains, qui, chez nous, vit encor.
> Gloire à toi que l'armée appelait son Nestor,
> A toi que l'étranger révère et nous envie,
> A toi, qui n'as prêté qu'un serment dans ta vie,
> Et qui sais, dans un cœur plein de l'amour du bien,
> Porter l'honneur du brave et la foi du chrétien ! »

STANCE IIe.

La diplomatie anglaise, après s'être obstinée longtemps à refuser les
cendres de Napoléon à sa famille et à Mme Lœtitia, sa mère, qui les avaient
instamment réclamées, vient enfin de consentir à les rendre à la France,
grâce sans doute à la puissante intervention de la jeune reine Victoria. Voici
le texte de la lettre que M. de Rémusat a lue à la chambre des députés et
que des bravos ont accueillie :

« Le gouvernement de Sa Majesté Britannique espère que la promptitude
» de sa réponse sera considérée en France comme une preuve de son désir
» d'effacer jusqu'à la dernière trace de ces animosités nationales qui, pendant
» la vie de l'Empereur, armèrent l'une contre l'autre la France et l'Angle-
» terre. Le gouvernement de S. M. B. aime à croire que si de pareils senti-
» ments existent encore quelque part, ils seront ensevelis dans la tombe
» où les restes de Napoléon vont être déposés. » *(Moniteur, numéro du mer-
credi 13 mai 1840.)*

Cette lettre est digne, l'acte qu'elle autorise est grand et honorable : puissent l'un et l'autre expier la violation de la foi jurée à bord du *Bellérophon*, et le long assassinat de l'illustre *patient* par l'impitoyable Hudson-Lowe, qu'il appelait énergiquement son *bourreau!!!*....

—On sait que le corps de Napoléon fut inhumé dans un lieu pittoresque, appelé *vallée du germain*, qu'il aimait à visiter au commencement de son séjour à Sainte-Hélène, et où coulait, sous l'ombrage de deux saules pleureurs, une limpide fontaine dont l'eau vive l'avait plus d'une fois désaltéré.

Son quadruple cercueil fut déposé dans une petite chambre en maçonnerie, pratiquée dans un vaste caveau, et l'on recouvrit sa tombe avec des pierres provenant du palais qu'on lui bâtissait à Longwood et qu'il ne vit pas achevé. Or, c'est au sujet de ce palais qu'il avait dit maintes fois à M. de Montholon : « Cette maison me servira de tombeau. » (O' Meara, pages 459, 461, tome 2.)

—Napoléon expira le 5 mai 1821, et son fils, le duc de Reischstadt, le 22 juillet 1832.

STANCE IIIᵉ.

En apprenant la mort de la princesse Élisa, sa sœur, l'ex-empereur avait dit à son médecin : « La première personne de notre famille qui doit suivre Élisa » dans la tombe, est ce grand Napoléon, qui végète, qui plie sous le faix, » et qui pourtant *tient encore l'Europe en alarmes !* » (De Norvins, *Histoire de Napoléon*, tome 4, page 386.)

Le proscrit avait lu et admiré ces lignes qu'écrivait, à son sujet, en 1818, M. de Châteaubriand : « Jeté au milieu des mers où le Camoëns plaça le » génie des tempêtes, Buonaparte ne peut se remuer sur son rocher sans que » nous ne soyons averti de son mouvement par une secousse. Un pas de cet » homme à l'autre pôle se ferait sentir à celui-ci. » (*Mélanges polit.*, tome 1, page 9.)

STANCE VIᵉ.

Napoléon redoutant le voisinage de l'Angleterre, cette vieille rivale de la France, en méditait la conquête; il avait projeté une descente dont l'exécution fut empêchée par des événements imprévus.

« Si la centralisation n'eût pas existé, dit M. de Cormenin, Napoléon l'eût » inventée. Avec le blocus continental, œuvre monstrueuse de son génie, il » tirait une ligne du fond de la Méditerranée à Archangel; il fermait à l'An-

» gleterre les rivages des mers ; il enchaînait ses métiers ; il coupait par le
» pied ses fils de coton et ses câbles de fer ; il rasait ses manufactures, il
» lui ôtait la vie, il l'asphyxiait. »

STANCE VIIe

Dans cette stance, au lieu de *Achates de l'Empire,* l'auteur avait écrit
d'abord *Généraux de l'Empire ;* mais il s'est rappelé avec douleur que tous
ne se montrèrent pas fidèles, et que quand, après avoir jeté un triste et
dernier regard sur le champ de bataille de Waterloo où fumaient encore les
débris de son empire, *adhùc Troja fumante,* cet autre Énée s'achemina vers
l'exil, n'emportant plus avec lui que le double souvenir de ses triomphes et
de sa chute ; alors quelques-uns seulement, dévoués comme le pieux Achate,
suivirent ses pas lointains, ou lui gardèrent sur le sol de France où le devoir les enchaînait, leur foi, leur vénération et leur amour. A ceux-là seuls
revient, de droit, l'honneur de toucher le cercueil de Napoléon. Amenés
par le remords, les autres pourront sans doute se présenter au-devant,
mais au lieu d'épée une torche à la main, pour lui faire amende honorable !

Le général Drouot à qui l'Empereur avait dit affectueusement, après
les Cent-Jours « Venez avec nous », eût été heureux d'accompagner son
maître à Sainte-Hélène, avec MM. Bertrand, Montholon, Gourgaud et Las-
Cases, si l'intérêt de la pacification du pays ne l'eût retenu à la tête de la
garde impériale qu'il commandait et qu'il sut maintenir dans la discipline et
la modération. Aussi Napoléon comprit-il celui qu'il avait surnommé le *Sage,*
lorsque le général Drouot lui répondit avec une respectueuse douleur que
sa conscience lui faisait un devoir de rester provisoirement à son poste et de
sacrifier son désir personnel, sa volonté privée, aux besoins présents de la
patrie.

Personne n'ignore qu'en 1816, après le licenciement de la Garde, le général Drouot se constitua prisonnier, ne subit son jugement qu'après une
détention préventive de huit mois, et, chose inouie ! n'échappa à la mort,
malgré les conclusions favorables de l'officier rapporteur, *qu'à la majorité
rigoureusement suffisante de trois voix contre quatre !*

Le docteur O'Meara, qui apprit cette heureuse nouvelle à Napoléon, le 18
juin 1816, s'exprime ainsi à ce sujet, dans le premier volume de son ouvrage déjà cité : « Je lui dis que Drouot avait été acquitté ; il en parut très-
» satisfait. Il parla dans les termes les plus flatteurs des talents et des vertus

» de Drouot, et observa que, d'après les lois françaises, il ne pouvait
» être puni pour sa conduite. »

L'ancien Aide-de-camp de l'Empereur ne fut pas oublié dans le testament
de l'illustre captif, qui lui donna une dernière preuve de son affection, de sa
haute estime et de son entière confiance, en disant dans son quatrième co-
dicille : « Nous nommons le comte Las-Cases, et à son défaut son fils, et à
« son défaut *le général Drouot* trésorier. »

—S'il était besoin de justifier l'épithète d'*homme de la souffrance,* appliquée
dans cette strophe au prisonnier de Sainte-Hélène, que M. de Las-Cases a
si bien nommé *le grand martyr,* certes les documents historiques ne man-
queraient pas ; qu'il suffise de ces quelques extraits :

Voici comment Napoléon lui-même termine la belle lettre qu'il adressa de
Longwood, le 11 décembre 1816, à M. de Las-Cases, et dans laquelle ces
paroles : « Votre conduite à Sainte-Hélène a été, comme votre vie, honorable
» et sans reproches ; j'aime à vous le dire, » forment un admirable contraste
avec celles qu'on va lire :

« Si vous voyez un jour ma femme et mon fils, embrassez-les. Depuis deux
» ans je n'en ai aucune nouvelle directe ou indirecte. Il y a dans ce pays,
» depuis six mois, un botaniste allemand qui les a vus dans le jardin de
» Schœnbrunn, quelques mois avant son départ. Les barbares ont empêché
» qu'il vînt me donner de leurs nouvelles !....

» Toutefois, consolez-vous et consolez mes amis. Mon corps se trouve, il
» est vrai, au pouvoir de la haine de mes ennemis. Ils n'oublient rien de ce
» qui peut assouvir leur vengeance, *ils me tuent à coups d'épingles ;* mais
» la Providence est trop juste pour permettre que cela se prolonge longtemps
» encore. L'insalubrité de ce climat dévorant, le manque de tout ce qui
» entretient la vie, mettront, je le sens, un terme prompt à cette existence,
» *dont les derniers moments seront l'opprobre du caractère anglais.* L'Europe
» signalera un jour avec horreur cet homme hypocrite et méchant (Hudson-
» Lowe) que les vrais Anglais désavoueront pour Breton. »

— « *Sento che la macchina sene va giornalmente,* je sens que la machine
» s'en va de jour en jour, » disait-il encore au docteur O' Meara, le 20 septembre 1817, « mais c'est pour cela que l'on m'a envoyé ici. On a envoyé un
» homme, diront les siècles futurs, *sur le rocher le plus affreux du monde,*
» pour lui imposer des conditions dont on n'a jamais eu d'idée, même sous
» *Marat.* Du temps des tribunaux révolutionnaires, du moins on permettait
« aux condamnés de se procurer les journaux et des livres. Ils n'expiraient

» pas dans l'agonie la plus douloureuse, et prolongée assez longtemps pour
» qu'elle ressemble à une mort naturelle. Ce raffinement de cruauté était
» inconnu aux *Billaud de Varennes*, aux *Collot-d'Herbois*. »

— Le 18 août 1816, il adressait au sir *Hudson-Lowe*, son geôlier galonné,
qui était venu l'accoster dans le jardin de Longwood, cette énergique apos-
trophe : « Vous avez plein pouvoir sur mon corps, mais mon âme vous
» échappera toujours : cette âme est aussi fière, aussi courageuse que lorsque
» je commandais à l'Europe. Vous êtes un *sbirro siciliano*, et non pas un
» Anglais ! » (O' Meara, tome 1, page 134.)

« Dès lors, dit Alexandre Dumas dans sa biographie de Napoléon, à propos
des mauvais traitements dont le farouche gouverneur ne cessait de l'abreuver,
dès lors, l'existence de Napoléon n'est plus qu'une lente et pénible agonie,
qui, cependant, dure cinq ans : pendant cinq ans encore le moderne Pro-
méthée reste enchaîné sur le roc où Hudson-Lowe lui ronge le cœur. »

Veut-on connaître la physionomie de ce tigre à face humaine ? en voici le
portrait tracé en quelques lignes par le même auteur ; il n'est pas flatté :
« C'était un homme d'environ quarante-cinq ans, d'une taille commune,
mince, maigre, sec, rouge de visage et de chevelure, marqueté de taches
de rousseur, avec des yeux obliques se fixant à la dérobée, ne regardant
que rarement en face, et recouverts de sourcils d'un blond ardent, épais et
fort proéminents. Il se nommait sir Hudson-Lowe. »

On conçoit, d'après cette peinture au naturel, ces autres paroles de
Napoléon au docteur O' Meara : « J'ai vu des Prussiens, des Tartares, des
» Cosaques, des Calmouks, etc., mais jamais, dans toute ma vie, je n'ai vu
» un homme aussi laid et aussi repoussant ; *il a le crime gravé sur le visage.* »

« *Comme Caïn, la nature l'a marqué du sceau de la réprobation.* Si
» j'étais à Londres, et que l'on me présentât *Hudson-Lowe*, vêtu en bour-
» geois, et que l'on me dît : Qui croyez-vous que soit cet homme-là ? je ré-
» pondrais : *C'est le bourreau.* » (tom. 2, page 399.)

Dans son testament, l'auguste victime a fait à la mémoire de ses bour-
reaux ce terrible legs : « Je meurs prématurément, *assassiné* par l'oligarchie
» anglaise et son sicaire. » — Quelques semaines avant le trépas de l'Empereur,
le comte de Montholon terminait ainsi une lettre adressée à la princesse
Pauline Borghèse, sœur de l'infortuné prisonnier : « Il meurt sans secours sur
» un rocher affreux, son agonie est épouvantable. »

— Longwood est maintenant une ferme où la chambre à coucher de
Napoléon sert d'*écurie !*....

STANCES XIIe, XIIIe ET XIVe.

Quand, en 1833, la statue pédestre de Napoléon fut replacée sur la colonne de la place Vendôme, au milieu des unanimes acclamations du peuple et de l'armée, cette solennelle et patriotique inauguration, dont je suis fier d'avoir été témoin, réveilla les sympathies de la France entière. Le rappel de ses cendres est le digne corollaire de ce premier acte de justice.

Je ne puis me refuser ici au plaisir de citer les belles paroles qu'a inspirées à l'*Univers religieux* (n° du 13 mai 1840) l'annonce de l'imposante cérémonie de la translation.

« Rien, dit l'*Univers*, ne saurait peindre l'enthousiasme que cette nouvelle a fait éclater dans la Chambre; et certes, il faudrait avoir le cœur bien froid et bien peu français pour ne pas partager ce sentiment si juste et si national. Comme l'a parfaitement dit M. de Rémusat, il y a là de quoi noblement agiter l'âme de tous ceux qui respectent la gloire et le génie, la grandeur et l'infortune. Nous ajouterons que *cette gloire et cette infortune, toutes deux uniques, ont dû expier tous les torts que Napoléon a eus envers Dieu et l'humanité*. Il serait difficile de trouver dans l'histoire un événement plus majestueux, plus poétique et plus touchant à la fois que ce retour du grand empereur, après la solennelle expiation du tombeau de Sainte-Hélène, au sein de la patrie qu'il a dotée d'une illustration sans rivale, et où règne encore sa mémoire avec une légitime et invincible puissance. »

— La justice humaine, non plus que la justice divine, ne saurait avoir deux poids et deux mesures. Que ceux-là donc qui, impitoyables envers Napoléon, conservent pourtant à Louis XIV, malgré ses fautes immenses, le titre de *Grand*, que ceux-là veulent bien lire ces quelques lignes de Feller, dont on ne suspectera pas ici le témoignage : « Quoiqu'on lui ait reproché » trop de hauteur avec les étrangers dans ses succès, de la faiblesse pour » plusieurs femmes, *de trop grandes sévérités dans des choses personnelles,* » des guerres légèrement entreprises, *l'embrâsement du Palatinat et les* » *excès horribles commis dans cette province et dans d'autres de ces contrées* » PAR SES ORDRES EXPRÈS, cependant ses grandes qualités, mises dans la » balance, l'ont emporté sur ses fautes. « (*Dictionnaire historique de Feller,* tome X, page 336, edit. *Périsse,* 1827 - 29.)

— Sous le rapport législatif, le rare bon sens, le tact et le discernement exquis de Napoléon ne sauraient être révoqués en doute.

« Tandis qu'on travaillait au Code-Napoléon, disait un jour l'empereur
» exilé au docteur O' Meara (tome 2, page 184), j'ai eu plusieurs discussions
» avec les jurisconsultes chargés de sa rédaction. Ces hommes étaient étonnés
» des connaissances que je possédais sur cette matière. J'ai été le créateur
» des meilleures lois qu'il renferme. »

L'assertion suivante de M. de Cormenin, juge compétent s'il en fût jamais, prouve qu'en parlant ainsi de lui-même, Napoléon obéissait moins aux
impulsions vaniteuses de l'orgueil ou de l'amour-propre, qu'au sentiment
naturel d'un homme éclairé, qui a la conscience de sa force et de sa puissance intellectuelle. « Avec son code civil que d'autres avaient conçu mais
» *que lui seul put achever,* il éleva le monument législatif des temps modernes
» le plus durable par la solidité de ses matériaux, le plus magnifique par
» la simplicité de ses divisions, et le plus unitaire par la fusion de tous les
» systèmes du droit coutumier et du droit écrit. »

STANCES XVII⁰ ET XVIII⁰.

On s'est beaucoup agité pour savoir quel serait le dernier asyle des cendres de Napoléon ; les uns leur donnaient pour tombeau Saint-Denis, les
autres la colonne de la place Vendôme ou l'arc de triomphe de l'Étoile,
ceux-ci le Panthéon, ceux-là la Magdeleine ; enfin on a été jusqu'à proposer
la colonne de Juillet. L'hôtel des Invalides, désigné dans le projet ministé-
riel, proposé par la Commission et enfin adopté par la Chambre, est, somme
toute, le lieu qui paraisse le mieux convenir aux restes mortels de cet
empereur-conquérant, principe et fin de sa dynastie.

« Ces restes seront déposés aux Invalides, a dit à la tribune M. le Ministre
» de l'Intérieur. Une cérémonie solennelle, une grande pompe religieuse et
» militaire inaugurera le tombeau qui doit les garder à jamais.

» Il importe en effet, Messieurs, à la majesté d'un tel souvenir, que cette
» sépulture auguste ne demeure pas exposée sur une place publique, au
» milieu d'une foule bruyante et distraite. Il convient qu'elle soit placée dans
» un lieu silencieux et sacré, où puissent la visiter avec recueillement tous
» ceux qui respectent la gloire et le génie, la grandeur et l'infortune. »
(Vive et religieuse émotion. — *Moniteur du* 13 *mai* 1840.)

— « Nous approuvons, dit encore à cet égard l'*Univers* du 13 mai 1840, le
» sentiment qui a dicté au pouvoir le choix de l'église des Invalides pour
» le dernier tombeau de Napoléon, plutôt que la colonne de la place Ven-

» dôme, que l'on semblait généralement désigner. *C'est répondre dignement* » *aux convictions religieuses, si bien constatées, de la jeunesse de l'Empereur* » *et de ses derniers jours.* Pour nous, au sein de l'exaltation patriotique que » ce grand événement nous inspire, nous sommes fier de penser, comme » catholique, que ce fut le bras puissant de Napoléon qui releva les autels » de notre culte, et qu'il est mort avec l'humilité et la foi du chrétien. »

Dans une *Biographie des premières années de Napoléon Bonaparte*, publiée récemment à Valence, en deux volumes, plusieurs faits sont rapportés qui déposent en faveur des sentiments religieux du futur Empereur. Ainsi, pendant qu'il résidait à Auxonne comme simple officier d'artillerie, Bonaparte fit faire la première communion à son jeune frère Louis, qu'il avait auprès de lui; il lui apprenait et lui expliquait lui-même le catéchisme. Tous les jours, à deux heures après-midi, il allait à la chapelle du couvent des Ursulines, et là « il témoignait surtout beaucoup de dévotion pour une sainte «Vierge qui fut depuis transportée aux fonts baptismaux, où elle est encore.» (T. 1, p. 151.) Ce trait particulier semble expliquer la prédilection de l'Empereur pour le 15 août, anniversaire de sa naissance et jour de l'Assomption de Marie, qu'il consacra à la célébration annuelle de la *saint Napoléon.*

« Bonaparte, dit l'auteur du feuilleton de l'*Univers* du 22 avril 1840, signé Louis ***, auquel nous empruntons en partie ces détails, Bonaparte avait lui-même fait sa première communion avec de vrais sentiments de piété, à Brienne, par les soins du père Charles, minime, aumônier de l'école, et il avait conservé pour ce bon religieux une tendre et respectueuse amitié. En 1790, le père Charles s'était retiré à Dole ; Bonaparte ne manquait jamais de l'aller voir, lorsqu'il passait dans cette ville. A leur dernière entrevue, Bonaparte se rendait en Italie. Le père Charles lui dit en le quittant, *vale, prospera et regna.* » (T. 1, pag. 30.) Et plus tard, le premier consul en lui envoyant comme souvenir une pension de 1,000 fr., lui écrivit de sa main : « Je n'ai point oublié que c'est à votre vertueux exemple et à vos » sages leçons que je dois la haute fortune où je suis arrivé. Sans la religion » il n'est point de bonheur, point d'avenir possible. Je me recommande à vos » prières. »

» Plus d'une fois Bonaparte eut de ces retours et manifesta hautement des pensées semblables. Nous tenons d'une personne digne de foi qu'un jour en Italie, comme on était à table dans la tente du général en chef après une victoire, un des jeunes officiers qui se trouvaient là s'avisa de demander aux convives quel était le jour le plus heureux de leur vie. Chacun chercha et fit une réponse que nous ne tiendrions pas sans doute à rapporter , quand même nous la connaîtrions. Quand ce fut au tour du général en chef, il était livré à une sorte de rêverie. Vous devez être embarrassé, lui dit-on, entre tant de jours glorieux et fortunés ? « Moi, répondit-il , pas du tout, je vous » assure ; et je connais bien le jour le plus heureux de ma vie : ce fut celui » de ma première communion. »

. . . . . , . , « Il y en eut pourtant encore un autre : ce fut celui de sa mort. Sa mort fut pieuse, et M. de Beauterne en a donné un récit qu'on ne peut lire sans une émotion de reconnaissance profonde pour la miséricorde divine.

» Cette mort chrétienne, cette dernière et grande victoire du conquérant ne s'accomplit point, dit-on, sans combat. Quand l'Empereur demanda un prêtre, on craignait à Sainte-Hélène l'effet que cette *faiblesse* pourrait produire à Paris ; on ne voulait pas que le vainqueur du pape mourût comme un capucin. Et là-dessus, à ce qu'on rapporte, Napoléon s'échauffa beaucoup contre le fidèle mais ignorant serviteur qui faisait ces difficultés. « Et que sont donc, dit-il, que sont tous les hommes et tous les conqué- » rants, que sont Alexandre, et César et Charlemagne avec toute leur gloire, » que serai-je comme eux dans un instant ? néant, pourriture, proie des » vers ! Tout cela passe, mais Jésus-Christ subsiste et seul il ne passe pas ! » c'est le roi ! c'est le maître ! et je ne suis devant lui que ce qu'est le dôme » des Invalides devant le soleil, ce que tu es devant moi toi-même : un » morceau de plomb que j'ai un peu doré. »

» Peu de temps avant sa mort, le pieux cardinal Fesch, qui aimait tendrement son neveu, et qui vivait dans une ferme espérance que Bonaparte est mort sauvé, a souvent répété à l'un de nos amis qui le vit à Rome :

« Croyez-moi, Dieu lui a fait grâce. Quand Dieu condamne un homme, » il le brise mais il ne l'humilie pas. Or, Dieu a pris soin d'humilier mon » neveu, mon neveu est mort en chrétien, et j'espère le revoir là-haut. »

Un jour, le 9 novembre 1816, Napoléon répondit au docteur O'Meara qui lui disait qu'on avait différentes opinions sur sa croyance en Angleterre, et qu'on l'avait supposé depuis peu catholique romain : « *Ebbene, credo* » *tutto quel che crede la chiesa* , en effet, je crois tout ce que croit l'Église. »

Les premiers mots de son testament confirment encore, en la renouvelant, cette profession de foi : « Je meurs dans la religion apostolique et romaine, » dans le sein de laquelle je suis né il y a plus de cinquante ans. »

Le même docteur, qui était protestant, raconte, sous la date du 19 mars 1817, tome 2, page 37, le fait suivant dont il fut le témoin : « J'ai vu Napoléon dans son bain ; il lisait un petit livre que j'ai reconnu pour le *Nouveau Testament* français. Je n'ai pu m'empêcher de faire l'observation que beaucoup de personnes ne voudraient pas croire qu'il lût un tel livre, attendu qu'on a affirmé et répandu le bruit qu'il ne croit à rien. Napoléon a ri et m'a répondu : « Cependant cela n'est pas vrai ; je suis loin d'être » athée, etc........ aussitôt que j'ai été à la tête du gouvernement, j'ai fait » tout ce qui était en mon pouvoir pour rétablir la religion....... La religion » est, en outre, une grande consolation et une grande ressource pour celui » qui en a ; *et personne ne peut dire ce qu'il fera dans ses derniers moments.* »

Un autre jour, le 3 septembre de la même année, O' Meara trouva Napoléon dans son salon, *lisant tout haut l'Ancien Testament.* (*Ibid.,* page 252).

Quelques jours avant sa mort, il avait mandé auprès de son chevet l'abbé Vignali, son chapelain, et lui avait dit en lui faisant ses recommandations : « Je suis né dans la religion catholique ; je veux remplir les devoirs qu'elle « impose et recevoir les sacrements qu'elle administre. Vous direz tous les » jours la messe dans la chapelle voisine et vous exposerez le St.-Sacrement » pendant les quarante heures. Quand je serai mort, vous placerez votre » autel à ma tête, dans la chambre ardente, puis vous continuerez à célé- » brer la messe. Vous ferez toutes les cérémonies d'usage, et vous ne ces- » serez que lorsque je serai enterré. »

« Napoléon, dit M. de Norvins, tom. 4, pag. 393, était trop pénétré du sentiment de sa propre grandeur pour ne pas croire à l'immortalité de l'âme. Deux jours après, le 21 (avril 1821), il voulut rendre l'hommage du chrétien à ce dogme consolateur ; la veille, à l'insu des généraux Bertrand et Montholon, l'autel se trouva dressé dans la pièce voisine de la chambre mortuaire ; il avait tout prescrit lui-même au chapelain qui reçut sa confession. L'état du malade ne permit pas qu'on lui administrât le viatique. Seul, avec l'abbé Vignali qui ne l'avait connu qu'à Ste.-Hélène, il ne donna à aucun témoin de sa puissance passée le spectacle de cette dernière abdication. »

STANCE XIXe.

C'est en vertu d'un *décret impérial* rendu par Napoléon, ami de toutes les gloires, que les restes des maréchaux DE TURENNE et DE VAUBAN, chassés de leurs tombeaux en 1793, furent déposés dans la belle église des Invalides, sous deux monuments à part, chargés de faisceaux d'armes.

En développant au docteur O' Meara les qualités nécessaires à un bon général, voici le jugement profond, quoique bref, que portait le vaincu de Waterloo sur le célèbre capitaine qu'un boulet avait tué, en 1675, à la bataille de Saltzbach :

« De tous les généraux qui m'ont précédé, et peut-être qui me suivront, » le plus grand de tous est TURENNE. (*Complément du Mémorial de Sainte-Hélène*, tome 2, page 291.)

Quant au fameux ingénieur VAUBAN, il était digne, lui aussi, de l'admiration de Napoléon. « Il mourut, dit l'abbé de Feller, à 74 ans, après avoir » travaillé à 300 places anciennes et en avoir construit 33 nouvelles ; et après » s'être trouvé à 140 actions de vigueur et avoir conduit 53 siéges. Le » maréchal de Vauban était un ancien Romain sous les traits d'un Français. »

STANCE XXIIe.

L'extrait suivant de la *Note historique sur le général Drouot*, placée en tête du compte rendu de son *Procès*, qui fut imprimé à Paris en 1816, pourra donner une idée des hautes capacités de ce guerrier, dont la science stratégique n'est surpassée que par sa modestie :

« Les résultats des batailles de Wagram, de la Moskowa, de Lutzen, de Bautzen, de Dresde, de Hanau, de Montmirail, ont été dus, en partie, à l'habileté du général DROUOT. Les officiers français ne savaient point ce qu'ils devaient admirer le plus de l'étonnante profondeur de ses opérations, de la justesse de ses calculs ou de l'intrépidité froide et stoïque qu'il portait au milieu des combats. On l'a vu commander trois cents bouches à feu avec l'assurance qu'on peut porter dans une attaque dont l'issue n'importe guère au salut de l'armée, et remplacer, par l'habileté de ses manœuvres, l'infériorité de notre cavalerie.

» Ce fut notamment aux journées de Wagram et de Lutzen que les secours de son artillerie décidèrent victorieusement de l'avantage des positions. A Wagram, et dans un moment d'hésitation de l'armée, il forma et porta en avant une batterie de cent pièces, qui jeta le trouble et la mort dans les régiments d'élite autrichiens. Napoléon regretta souvent, dans la suite, de n'avoir pas assez fortement exprimé dans ses bulletins toute la part de succès qui revenait au général dans cette mémorable affaire. Depuis que

l'arme du canon est devenue en Europe le plus décisif des moyens de la victoire, la réputation du général DROUOT a passé dans les rangs de tous les
ennemis que nous avons successivement vaincus; son nom s'est placé le premier parmi ceux des officiers de l'artillerie française. » (Pages vj et vij.)

Ces éloges, expression fidèle de la vérité, se trouvent résumés et pleine-
ment confirmés dans ces quelques mots de l'ex-empereur au docteur O' Meara,
son médecin, pendant sa conversation avec ce dernier au sujet de Murat,
sous la date du 10 juin 1817 : « Il n'y avait pas, je crois, deux officiers *dans*
» *le monde* pareils à Murat pour la cavalerie, et à DROUOT pour l'artillerie. »

Dans son admirable tableau de *la bataille de Hanau*, dont le musée de
Nancy possède une très-belle copie par M. Rauch, Horace Vernet, notre
grand peintre des combats, a représenté le général DROUOT debout près
d'une batterie, et saisissant son épée à l'instant même où un dragon autri-
chien, l'œil enflammé, se précipite sur lui, bride abattue, pour le frapper
de sa latte. La présence d'esprit et le courageux sang-froid qui se lisent dans
les traits et dans la digne attitude du général, invitent le spectateur à lui
appliquer ce beau vers d'Horace : *Impavidum ferient ruinæ.*

Dans la même salle du musée de Nancy, on voit, dans un meuble d'acajou
vitré, un médaillon renfermant une mèche des cheveux de l'Empereur, une
croix d'honneur qui a décoré sa poitrine et un cimeterre égyptien qu'il a porté
et dont il fit présent au général DROUOT, qui, lui-même, en 1835, a donné
ces précieux objets à sa ville natale.

Et moi aussi j'ai eu ma récompense, et la plus ample, la plus douce que
je puisse ambitionner; elle est tout entière dans ces quelques lignes, où le
général, qui m'écrivit de sa propre main, le 3 juin 1840, une lettre de re-
mercîments, renouvelle le bienveillant témoignage que j'avais déjà recueilli de
sa bouche :

« J'ai reçu avec reconnaissance la copie manuscrite des stances que vous
» avez composées à l'occasion de la translation sur les rives de la Seine des
» cendres de l'Empereur Napoléon. La première lecture que vous m'avez
» donnée de ces stances m'avait beaucoup ému; la seconde lecture que je
» viens d'entendre m'a causé une émotion qui n'a pas été moins profonde. »

. . . .

Le général terminait en me priant, de nouveau, de retrancher de ma pièce
les *strophes* qui le concernent. J'ai dit, dans l'avant-propos, les raisons qui
m'empêchaient d'acquiescer aux exigences de sa modestie.

STANCE XXIIIᵉ.

L'appel fait dans cette strophe aux poètes du peuple a naturellement réveillé dans tous les souvenirs les noms connus et encore vivants de MM. *Casimir Delavigne, Béranger, Lamartine, Victor Hugo, Barthélemy, etc.,......* qui tous ont vu la gloire de l'empire et sa chute, qui déjà ont chanté l'un et l'autre, et dont le talent poétique peut encore se mesurer hardiment avec un sujet si fécond et si vaste.

Tout ce que contient cette brochure, prose ou vers, est écrit pour *tous;* maintenant que sa tâche est remplie, qu'il soit permis à l'auteur d'adresser

UN MOT A QUELQUES-UNS.

La composition et la publication de cet hommage aux *cendres de Napoléon,* ayant momentanément interrompu le *travail historique et artistique* dont je m'occupe sur notre célèbre sculpteur lorrain, Ligier Richier, j'ose espérer que mes bienveillants souscripteurs ne m'en sauront pas mauvais gré. Richier lui-même, s'il eût vécu de nos jours, aurait suspendu l'exécution de l'admirable *Sépulcre* de Saint-Mihiel, pour tailler à Napoléon un mausolée digne à la fois et du ciseau du statuaire et de la renommée du héros.

SOUS PRESSE.

RICHIER,

OU

ÉTUDES HISTORIQUES ET ARTISTIQUES

SUR L'AUTEUR

DU SÉPULCRE DE SAINT-MIHIEL

ET SUR

LES PRINCIPAUX OUVRAGES DUS OU ATTRIBUÉS A SON CISEAU,

AVEC GRAVURES;

Par Justin Bonnaire,

AVOCAT A LA COUR ROYALE DE NANCY.

Compatriote du célèbre LIGIER RICHIER, M. Justin Bonnaire a conçu l'heureuse idée de réhabiliter enfin la mémoire de ce grand sculpteur du XVIᵉ siècle, si longtemps et si injustement méconnu, quoiqu'il ait doté son pays de monuments que n'aurait point désavoués Michel-Ange, son illustre maître.

Le prix de cet ouvrage, qu'accompagnera un album de *onze* ou *douze planches*, gravées au trait, et qui formera un beau volume grand in-8º, imprimé en caractères neufs, édition de luxe, avec un frontispice en vignettes, est fixé, *pour les souscripteurs seulement*, à la somme très-modique de SIX FRANCS, port non compris. Il sera considérablement augmenté immédiatement après la publication.

Voici les principaux sujets que reproduiront les dessins, exécutés sur place avec le plus grand soin par M. THORELLE, et confiés, sous sa direction, au burin intelligent de M. DIGOUT : le *Sépulcre* et la *Vierge de Pitié* de St.-Mihiel, le *Calvaire* de Hattonchâtel, le *Crucifiement* et le *Mausolée du Prince d'Orange* de Bar-le-Duc, le *Suaire* d'Étain, le *Tombeau de la Duchesse de Lorraine, Philippes de Gueldres*, dans l'église des Cordeliers à Nancy, et divers fragments dus au ciseau de RICHIER ou des siens.

ON SOUSCRIT SANS RIEN PAYER D'AVANCE :

A NANCY, chez l'Auteur et chez GRIMBLOT ET RAYBOIS, Libraires-Éditeurs.

BAR-LE-DUC, chez D'OLINCOURT et chez LAGUERRE-NÈVE AÎNÉ , imprimeurs, rue Rousseau.

SAINT-MIHIEL , chez M. BONNAIRE-MANSUY.